§6.

# CATALOGUE

DES

# GENTILSHOMMES

## DE FRANCHE-COMTÉ

QUI ONT PRIS PART OU ENVOYÉ LEUR PROCURATION AUX ASSEMBLÉES DE LA NOBLESSE
POUR L'ÉLECTION DES DÉPUTÉS AUX ÉTATS GÉNÉRAUX DE 1789

Publié d'après les procès-verbaux officiels

PAR MM.

**LOUIS DE LA ROQUE ET ÉDOUARD DE BARTHÉLEMY**

## PARIS

| E. DENTU, LIBRAIRE | AUG. AUBRY, LIBRAIRE |
| AU PALAIS-ROYAL | 16, RUE DAUPHINE |

1863

Tous droits réservés.

# AVERTISSEMENT.

Le comté de Bourgogne ou Franche-Comté, qui faisait partie de l'ancien royaume de Bourgogne, fut définitivement réuni à la Couronne par la conquête de Louis XIV en 1674, et la cession en fut sanctionnée en 1678 par le traité de Nimègue (1).

Lorsque le duché de Bourgogne eut été réuni à la Couronne comme fief masculin en 1477, la Franche-Comté passa par mariage, comme fief féminin et germanique, dans la maison de Hapsbourg et fut incorporée plus tard par Charles-Quint au cercle de Bourgogne. Louis XIV l'avait conquise une première fois sur les Espagnols en 1668.

La Franche-Comté était située entre la Bourgogne à l'Ouest, l'Alsace à l'Est, la Lorraine et la Champagne au Nord, la Suisse et le pays de Gex au Midi. Elle était divisée en quatre

---

(1) Les armes de Franche-Comté étaient : De sable à la fasce d'or; écartelé d'or au pal de sable (D'Hozier, *Armorial* de 1696); *alias :* D'azur semé de billettes d'or, au lion du même. (P. Anselme.)

grands bailliages de Besançon, de Dôle, d'Amont (Vesoul) et d'Aval (Lons-le-Saulnier), qui ressortissaient au parlement de Besançon, et elle correspondait aux trois départements du Doubs, du Jura et de la Haute-Saône. La Franche-Comté était un pays d'État.

Paris, le 20 février 1863.

# CATALOGUE

### DES

# GENTILSHOMMES DE FRANCHE-COMTÉ

### BAILLIAGE D'AMONT.

*Liste des gentilshommes qui ont comparu à l'Assemblée des trois ordres du bailliage de Vesoul, siége principal d'Amont (1).*

6 avril 1789.

(*Archiv. imp.*, B. III, 5. p. 597-611.)

#### NOBLESSE.

Louis-Stanislas-Xavier, fils de France, frère du roi.
Claude-Joseph-Timoléon de Barberot, officier au régt de Bresse.
Le duc de Clermont-Tonnerre, pair de France.
Le marquis de Tonnerre, fils.
La duchesse de Lorges.
Le prince de Broglie.
Le marquis de Toulongeon.
Le marquis de Raincourt.
Le marquis d'Hémery.
Le comte de Raincourt.

---

(1) Nous croyons devoir faire observer qu'un certain nombre de familles nobles ont pu ne pas figurer dans les assemblées de Franche-Comté pour cause d'absence, de maladie ou d'abstention.

Le marquis de Grammont.
Le chevalier de Trétondans.
Le marquis d'Ambly.
De Trétondans-Barberot.
Le baron d'Ivoley.
Le comte de Bouzies.
Le marquis de Choiseul-la-Baume.
Le baron de Montjustin.
Le comte de Laverne.
Le comte de Laurencin-Beaufort.
Le baron de Rastet-Mercey.
Le duc du Châtelet.
Le vicomte de Toulongeon.
Le chevalier d'Esclans.
La baronne d'Esclans.
Le chevalier d'Autume.
Le chevalier de Malseigne, maréchal de camp.
De Montjustin, capitaine de cavalerie.
Le marquis de Saint-Mauris Chatenois.
Le comte de Saint-Mauris Chatenois.
Duval d'Essertenne.
Duval, chevalier, Sgr d'Essertenne.
Ebaudy de Rochetaillée.
Henry, Sgr de Percey-le-Grand.
De Résie.
M$^{lle}$ de Résie.
Ebaudy de Francourt.
Ebaudy du Fresne.
De Sallière de Champolle.
Le comte de la Vire.
Le Vert, l'aîné.
M$^{me}$ Le Vert.
De Guyotel.
Fyard de Gevigney.
M$^{lle}$ Elisabeth Bureau de Puzy.
Fyard, capitaine d'artillerie.
Henrion de Magnoncourt, fils.
De Mailley de Francheville.
M$^{me}$ de Puzy.
Paquet.
Duval d'Essertenne.
Le marquis de Sorans.
Le chevalier de Sorans.
Le vicomte de Mons.
Mirondot de Saint-Ferjeux.
La princesse de Bauffremont.
Fyard de Mercey, chevalier de Saint-Louis.
De Barberot d'Autet.
Fyard, l'aîné, chevalier de Saint-Louis.
Fyard, capitaine au Corps royal.

Fyard, capitaine au régt de Forez.
Fyard de Gevigney, père et fils.
Mirondot de Gessey.
M<sup>me</sup> Pierre de Vellefrey.
Le baron de Fraguier.
Le prince de Montbarrey.
Le vicomte de Chagey.
Le chevalier de Fraguier.
La baronne de Montdorey.
La baronne de Fraguier, mère.
De la Burthe.
Emmanuel Oudeau, chev. de Saint-Louis.
François de Montjustin, capitaine d'infanterie.
Le baron de Golle.
De Thomasset.
Henryon de Magnoncour, chevalier de Saint-Louis
De Repellin.
De Ganges.
De Francourt.
Rance de Guiseuil.
Rance.
Lombard.
Bryot, écuyer.
De Magnoncourt.
Le chevalier de Broissia.
Fariney, l'aîné.
Agnus de Rouffanges.
D'Arvisenet de Belleville.
Fariney, capitaine de cavalerie.
Antony, cadet, Sgr d'Arc.
Fariney, capitaine d'artillerie.
Boulard de Rigny.
Buretel.
Dorival de Fretigny.
Lombard, Sgr d'Aigrevaux.
Le chevalier Tartey de Fretigney
Le chevalier Guichard.
D'Aussilly.
Laurent Dubois.
De Coucy.
Patissier de la Forestille.
De Rotalier.
Charlotte-Joseph de Barmont.
Lyautey de Genevreuille.
Jean-Anatole Favière, Sgr de la Rochelle.
Balay, ancien maître des comptes.
Tricornot du Tremblay.
Joseph-Catherine de Mairot.
Bureau de Puzy.
Jeanne-Geneviève de Puzy.

Claude-François Bouchet de Salins.
Jean-Baptiste-Gabriel Lange.
Le marquis d'Ambly.
Étienne Seguin de Vaivre.
Pierre de Vellefrey.
Alexis et Claude-Antoine Pierre de Vellefrey.
Joseph-Dominique Ferjeux-Lombard, Sgr d'Aigrevaux.
Jeanne-Thérèse Bouchet, douairière de Dominique-François Lombard.
D<sup>lle</sup> Odette Lombard.
Jean-Baptiste Antony de Gray.
Hubert-Antoine et Rosalie Antony.
Marie-Christine Antony, épouse de Pierre.
Tricornot du Tremblay.
Jean-Baptiste-Joseph Balahu, Sgr de Noiron.
Antoine-Thérèse Bresson d'Amblans.
Anne-Marie-Béatrice Lombard, de Besançon.
Claude-Antoine Lombard.
Claude-Louis Lange.
Claude-François Lange, Sgr de Ferrière.
Le chev. Faivre de Courcelles.
Faivre de Courcelles.
Robardey de Feuille.

## BAILLIAGE D'AVAL.

*Liste des gentilshommes qui ont pris part à l'assemblée générale des trois ordres du bailliage d'Aval, tenu à Lons-le-Saulnier.*

6 avril 1789.

(*Archiv. imp.*, B. III, 18. p. 83.)

### NOBLESSE.

Pierre-Hector-Jean-Baptiste Le Michaud, écuyer, Sgr d'Arçon, conseiller du roi, lieutenant général au bailliage d'Aval, siége présidial de Lons-le-Saulnier, président en l'absence de M. le grand bailli d'Aval.

Le prince de Montbarey, Sgr de Condamine, Trenal, etc.
Le marquis de Beaurepaire, Sgr des Repos.
Le comte de Beaufort, Sgr de Beaufort.
De Belon, Sgr de Coges.
De Damas, Sgr de Ruffey.
Les dames d'Augea.
Le marquis du Cheillard, Sgr de Charin.
D'Olivet.
Dame Anne-Marie, Sgresse de Sainte-Agnès.

Le président de Courbouzon, Sgr du lieu.
L'abbé de Courbouzon, Sgr des Poids de Fiole.
Le marquis de Marnésia, Sgr de Courlaoux.
Le comte de Grivel, Sgr de la Muire.
La comtesse de Lauraguais, dame de Lons-le-Saulnier.
Le marquis de Mailly de Château-Renaud, Sgr de Quintigny.
De Romanet.
Dumenil, Sgr de Coulige.
M$^{me}$ de Vandry, dame de Chontran.
Le marquis de Champagne, Sgr de Chilly.
Le marquis de Pillot, Sgr de Beyne.
Le baron de Grune, Sgr de Grune et Lepin.
Le Commissaire de Longeville, Sgr de l'Étoile.
Mareschal, Sgr de l'Étoile, à Villevieux.
Le marquis d'Amandres, co-Sgr de Nance et Meynal.
De Rotalier, Sgr du lieu.
De Matros, dame de Desne.
Langlois, co-Sgr de Nance.
De Montrichard, Sgr de Saint-Martin.
Alviset.
Dame d'Autriset, Sgresse du lieu, à Châtillon.
Dame Desgaudière, à Domblans.
Marquis de Tallenay, à Plainoiseau.
Dame de Préville, à Arlay.
De Patornay, Sgr de Saubief.
Marin, co-Sgr de Malercy.
Marquis, co-Sgr de Malercy.
Merot, co-Sgr de Malercy.
De Pymont, Sgr dudit lieu, à Villeneuve.
De Rochelle, Sgr du lieu.
Balan, Sgr de Montaigu.
De Saint-Léger, Sgr de la Prévôté et Saint-Laurent.
M$^{lles}$ de la Curne, dames d'un fief à Cousances.
De Rousset, Sgr du fief de son nom.
Guyot, Sgr de Vercia et Nousa.

*Commissaires nommés pour la vérification des titres et pouvoirs de MM. de la Noblesse.*

| | |
|---|---|
| *Arbois*............ | De Glanne. |
| *Lons-le-Saulnier*.. | De Grivel. |
| *Orgelet*.......... | De Marnésia. |
| *Poligny* ......... | Chevalier. |
| *Pontarlier* ....... | De Bannans. |
| *Salins*........... | Pourcheresse. |
| *Saint-Claude* .... | Alviset. |

## ASSEMBLÉE DU 8 AVRIL 1789.

*Bailliage d'Arbois.*

Gaspard-Marie, baron de Glanne.
Pierre-Ernest-Charles-Louis Gillabod, écuyer.
Charles-Ignace de Bancenel, écuyer, Sgr de Villers-Farlay.
Charles-François, chevalier Domet de Mont.
Jean-Baptiste-Louis, comte de Belon, Sgr de Coges, capitaine d'infanterie.
Marie-Joseph-Louis-Martin de Bayon.
Remy Penaud de Changian.
Jacques-Jean-Baptiste Crestin, Sgr d'Oussières, conseiller honoraire au parlement de Metz.
Antoine-Charles-Louis-Jean-Baptiste Crestin, fils, conseiller honoraire au grand conseil.

*Bailliage de Lons-le-Saulnier.*

Claude-Joseph-Nicolas, comte de Grivel, Sgr de la Muyre, Perrigny, etc., maréchal des camps et armées du roi.
Alexandre-Antoine-Marie-Gabriel-Joseph-François de Mailly, marquis de Château-Renaud, Sgr de Quintigny.
Philippe-Angélique, comte de Laurencin de Beaufort, Sgr de Beaufort, capitaine de cavalerie.
Joseph-Étienne Due, chevalier de Malte non profès, lieutenant-colonel au régt des gardes wallones en Espagne.
Pierre-Laurent-Charles de Rotalier de Chalantigny.
MM. Guillaume-Simon, Mathieu-Maximin, Joseph-François, Guillaume, François-Xavier-Cyprien Huguenet, frères, écuyers.
Pierre-Marie Ducis, chevalier de Saint-Louis.
Mareschal de Longeville, Sgr de l'Étoile.
Claude-François Balland, Sgr à Chaselot et Montaigu.
Étienne-Gabriel, comte de Montrichard, Sgr de Saint-Martin, maréchal général des logis des camps et armées du roi.
Joseph-Thérèse Marin, Sgr de Pierre et Malleray.
Claude-François Vailland de Bovend (Le Vaillant de Bovent).
Antoine-Ferdinand, comte d'Amandres, Sgr de Meynal, à Nance.
Étienne de Belon de Coges, Sgr du lieu.
Claude-Hilaire de Grivel, Sgr de Barre.
Jérome-Bonaventure Gaigne, écuyer.
Guillaume-Denis Clerget de Mont-Saint-Ligier, Sgr de la prévôté de Saint-Laurent.
Alexis-Désiré de Rotalier, Sgr de Rotalier.
Jean-Marie de Gordon, maréchal des camps et armées du roi, directeur du génie en Languedoc et Roussillon.
Guillaume-François Roux de Rochette, chevalier de Saint-Louis, Sgr de Rochette.

Guillaume-Xavier Roux, chevalier de Saint-Louis.
François-Marie de Laurencin du Villard, écuyer.
François-Gabriel de Rotalier de Montmorey, chevalier de Saint-Louis, ancien capitaine d'infanterie.
Pierre-Hector Le Michaud d'Arçon, écuyer, garde du corps du roi.
François-Jacques, marquis de Damas d'Antigny, maréchal des camps et armées du roi, baron de Chevrant et Sgr de Ruffey, commandeur de Saint-Lazare.
Antoine-Joseph de Mairot, dit du Pasquier, Sgr de la Villette, chevalier de Saint-Georges.
Madame Elisabeth-Pauline de Mérode-Montmorency, épouse séparée de Louis-Léon-Félicité de Brancas, comte de Lauraguais, dame de Lons-le-Saulnier.
Mathieu-Joseph Jacques, Sgr à Arc-sous-Montenot, prêtre, professeur de théologie.
Etienne de Belon, chevalier de Saint-Louis, Sgr de Coges.
Claude-Ignace Gay, Sgr de Marnos.
Marguerite de Bontemps, dame de Grozon.
Madame Jeanne-Béatrice de Grivel, veuve de Marquis de Tallenay, dame de Massercy.
Jean-François Muyard, Sgr de Martigna.
Jean-François Tissot de la Barre, Sgr de Mérona, conseiller au grand conseil.
Charles-Emmanuel-Polycarpe, marquis de Saint-Mauris, Sgr de Lamotte.
Madame Catherine-Agnès de Carteron-Vidampierre, douairière de M. Dutartre, dame usufruitière de Chilly.
Charles-Désiré d'Etimonet de Gaudière, lieut. de roi de Cambray, Sgr à Domblans.
Louis-Etienne-Elisabeth de Blandin, Sgr de Beauregard.
Aimé-Louis-François, comte de Balay, Sgr de Marigna, officier au régt du roi, infanterie.
Dame Aimée-Eléonore de Balay, épouse séparée de M. de Préville, dame d'un fief à Arlay.
Charles-Joseph Reiné-Monnier, Sgr de Toulouse.
Anne-François-Bernard de Monthon, Sgr de Bosy.
François-Balthazar de Toquet de Meximieux, Sgr de Mouchefort.
Claude-Antoine-Louis, marquis de Champagne.
Claude-Bernard-Flavien, marquis de Froissard-Bersaillin.
Alexandre-Marie-Eléonore de Saint-Mauris, prince de Montbarey, Sgr de Condamine.
Dame Claudine-Eléonore de la Curne; Claudine-Joseph, et Claudine Jean-Baptiste, les trois sœurs dames à Montcomey.
François Javel, Sgr de Villers-Farlay.
Marie-François Boisson, Sgr de Soucia.
Claude-Antoine Langlois d'Aumont, Sgr de Nance.
Claude-François Guyot de Vercia, Sgr audit lieu.

## Bailliage d'Orgelet.

Joseph-Louis-Guy de Brange, Sgr de Bourcia et de la Boissière.
Agricole-Joseph Louis de Brange de Civria.
Claude-François-Adrien, marquis de Lezay-Marnésia.
François-Emmanuel, vicomte de Toulongeon, colonel du régt des chasseurs de Bretagne, Sgr de Beaulieu.
Adrien-Alexandre de Brange, écuyer, Sgr de Varinolle et Civria.
Marie-Joseph Déglan de Cessia, Sgr de Véria, lieut. col. de dragons.
Louis-Charles-Amédée, comte de Faucigny-Lucinge, baron de Beaupon, comte du Saint-Empire romain.
François-Clériardius, marquis de Choiseul, chevalier, Sgr de la terre de Saint-Amour.
Frédéric-Maurice Vuillemenot de Nant, Sgr de Curny, écuyer.
Marie-Jacques-Félix Monnier, Sgr de Savigna.
Marie-Laurent-Félix Monnier de Savigna, officier au régt royal Deux-Ponts.
Marie-François Dupuget, Sgr de Champagne.
Antoine-Marie Ethéry Martinet, écuyer, demeurant à Saint-Julien.
Pierre-Aristide Domet, écuyer, Sgr de Valfin.
Jean-Philibert-Alexis Gaillard, écuyer, Sgr d'Ananche.
Claude-Louis Gaillard, écuyer, Sgr de Lavernége de Vitelle.
Claude-Jean-Baptiste Guigue, écuyer, Sgr de Maisot.

## Bailliage de Poligny.

Pierre de Delley d'Avése, écuyer, demeurant à Poligny.
Charles-Victor Blandin de Chalain, Sgr de Fontenu.
Maurice-Léopold Blandin, Sgr de Chalain, lieut. colonel du régt de Bolonois.
Félix-François, chevalier de Poligny, maître des comptes, honoraire.
Charles Morreau de Chalain, écuyer, ancien capitaine d'infanterie.
Le comte de Favernay.
Frédéric-François de Patornay, Sgr du Fied.
Philippe-Bernard-Nicolas-Laurent-Hyacinthe, marquis de Montrichard, Sgr de Frontenay.
Hugues-Joseph, comte d'Astorgue, demeurant à Poligny.
Pierre-Jacques-Prothade, comte d'Astorgue, lieutenant des vaisseaux du roi.
Jean-François Cuiney de Germiny, écuyer, officier d'infanterie, Sgr du fief de Canos.
Gabriel Odot-Coilloz, ancien capitaine au corps royal d'artillerie, chevalier de Saint-Louis.
Charles-François-Xavier Duhamel du Désert, lieutenant des vaisseaux du roi.
Jean-Adrien Guérillot, écuyer.
Emmanuel Alix, écuyer, garde du corps du roi, chevalier de Saint-Louis.

Marie-Joseph-Louis-Charles Martin, chevalier, Sgr de Broissey et de Barjon, lieut. au régt d'Artois, infanterie.
Charles-Louis-Catherine-Emmanuel, comte de Moreau-Favernay, capitaine au régt royal étranger.

*Bailliage de Salins.*

Claude-François Peting, écuyer, Sgr de Pagnoz, président honoraire en la chambre des comptes de Dôle.
François-Joseph de Mussin, écuyer, Sgr d'Ivrai.
Pierre-François-Joseph de Junet de Combessein, écuyer, Sgr d'Aiglepierre.
Jean-Baptiste Guérillot, Sgr de Saint-Cyr, la Chaux, etc., chevalier de Saint-Louis.
Charles-Armand Girod de Mirey, écuyer, Sgr de Reine et la Chapelle.
Charles-Joseph, marquis de Germigny, ancien lieutenant colonel de dragons, Sgr de la Grange-de-Vévre, Reine et la Chapelle.
Etienne-Bonaventure Penaud, écuyer, Sgr d'Aularderat, capitaine au corps royal du génie, chevalier des ordres royaux militaires et hospitaliers du Mont-Carmel et Saint-Lazare.
Gilbert de Mallery, chevalier de Saint-Louis, ancien capitaine d'infanterie, Sgr de la Grange Perrey.
Madame Charlotte-Joséphine de Bancenel, épouse de M. Chantelot de la Montagne, dame en partie de Champagne.
Hugues-Joseph Mouret, écuyer, Sgr de Saint-Thiébaut et Mouchard, chevalier de Saint-Louis, lieut. colonel d'infanterie.
Charles-François Charlot de Princey, écuyer, Sgr de Chapoix.
Le comte de Portier.
Charles-Guillaume Vernier de Byans, écuyer, Sgr d'Usiés et de Mouchard.
Pierre-François-Xavier de Bancenel, écuyer, Sgr de Champagne, officier au régt d'Austrasie.
Dame Jeanne-Claudine Arbel de Monmarlon, douairière de M. Brocard, conseiller à la Chambre des comptes.
Balthazard-Martin-Juste de Beaurecueil, lieut. colonel du régt du roi.
Etienne-Joseph Bommarchand, écuyer, chevalier de Saint-Louis, major de place à Salins, Sgr d'Ivray.
Claude-Joseph Champreux, Sgr du fief de la Bulyère à Cranian.
Thomas-François de Pourcheresse, écuyer, lieutenant général au bailliage et siége présidial de Salins.
Claude-François Bouchet, directeur des salines, Sgr d'un fief à Paroi.
Jean-François de Bancenel, chevalier non profès de l'ordre de Malte.
Joseph-Emmanuel Huguenet, écuyer, chevalier de Saint-Louis.
Jean-Etienne-Philibert Huguenet, écuyer.
Jean-Claude-Marie d'Esbiez, écuyer, commandant pour le roi au fort Saint-André à Salins.

*Bailliage de Pontarlier.*

Henri-Sigismond-Joseph de Marchand de la Chatelaine, Sgr de Banan.
Antoine Marguier, Sgr d'Aubonne, président honoraire de la Chambre des comptes de Dôle et titulaire du bureau des finances de Besançon.
Joseph-Eustache-Prosper Bonnon, écuyer.
Jean-Claude-Eléonore Le Michaud, Sgr d'Arçon, écuyer, colonel du corps du génie.
Pierre-Philippe-Xaxier Vannos, écuyer, Sgr de Montperreu et Saint-Polin.
Nicolas-Charles-Bonaventure Marquis, Sgr de Tallenay.
Gilbert de Mannery, chevalier de Saint-Louis, Sgr de la Grange Perret.

*Bailliage de Saint-Claude.*

Claude-Ignace Emmanuel Nicod, Sgr d'Estival, Ronchaud et autres lieux, garde des Sceaux de la chancellerie du parlement de Besançon.

L'Assemblée préliminaire des députés des villes et communautés du bailliage de Saint-Claude fut tenue le 21 mars 1789 devant Charles-Alexandre-Marie d'Alloz, grand-juge du bailliage et grande judicature de Saint-Claude. (V. *le proc.-verb.*, p. 718.)

## BAILLIAGE DE BESANÇON [1].

*Liste des gentilshommes de Franche-Comté qui ont signé la première adresse au Roi.*

4 juin 1788.

Le marquis de Grammont.
Le baron d'Izelin de Lanans.
Le marquis d'Ormenans.
Le comte de Lallemand.
Le comte de Roussillon.
Le comte de Bousies.
De Lampinet de Navenne.
De Lampinet de Sainte-Marie.
Fariney l'aîné.
Le comte de Montlezun.
Le vicomte de Montlezun.
Le marquis de Marmier-Ray.

---

[1] L'état nominatif des Gentilshommes qui ont pris part ou envoyé leur procuration aux assemblées de la Noblesse du bailliage de Besançon, n'existe pas aux Archives de l'Empire. Les procès-verbaux manuscrits (B. III, 30. 376) renvoient aux minutes qui n'ont pas été conservées.
C'est pour suppléer à cette lacune dans les procès-verbaux officiels que nous donnons ici les noms des signataires des protestations de 1788 et 1789 contre la prétention de la chambre de la Noblesse des Etats de la Province, qui voulait nommer elle-même les députés de son ordre aux Etats généraux du royaume. Ces noms sont pris dans les recueils du temps.

Le baron de Jouffroy.
Le comte de Lanans.
Le chevalier de Sorans.
Perrinot d'Audeux.
Le marquis de Raincourt.
L'abbé de Faletans.
Bouvot.
Durand.
Henrion de Magnoncourt.
Terrier de Pont.
De Charmoille, père.
Le marquis de Faletans.
Le comte de Raincourt.
Le marquis de Durfort.
D'Auquoy.
Maudinet de Montrichier.
Le comte de Franchet de Rans.
Le chev. de Trestondans.
D'Olivet de Dannemarie.
Le comte de Frosloys-Portier.
Le baron de la Rochelle.
Le marquis de Villers-Vaudrey.
Jacquat d'Annoire.
Boulart d'Angirey.
Guérillot de la Chaux.
Le comte de Germigney.
D'Olivet, baron de Choye.
Le chevalier d'Ambly.
Vernier de Byans.
Le baron de Raclet-Mercey.
Le marquis de Sorans.
De Siffredy.
D'Esternoz.
Bancenel.
Le marquis de Chevigney.
Vernier d'Usiés.
Le marquis de Saint-Mauris.
L'abbé de Bancenel, chanoine de Baume.
De Colin-Cambaron.
Le baron de Crosey.
Le vicomte de Crécy.
Le comte de Mantry.
Le comte de Dortans.

Girod de Novillars.
Miserey de Resnes.
Le comte de Montessus.
Sarragoz.
Le comte de Bouttechoux.
Le marquis de Champagne.
Le comte de Sagey.
Le baron d'Esclans.
Le marquis d'Autume.
Le chev. de Saint-Mauris.
Rotalier.
Richard de Boussières.
Le baron de Montjustin.
Le marq. de Jaquot d'Andelarre.
De Girod de Vienney.
De Charmoille, fils.
Le baron de Saporta.
Le chevalier de Bancenel.
Pusel de Boursières.
De Magnoncourt.
Le chevalier de Boursières.
Foillenot d'Autricourt.
Balay.
Besancenot, l'aîné.
Ebaudy de Rochetaillée.
Fyard.
De Salivet Fouchécour.
Besancenot puîné.
Fyard de Gevigney.
Dumontet de la Terrade.
Miroudot du Bourg.
Viney.
Le Vert.
La Forestille.
Bureaux de Chassey.
Le vicomte de Monts.
Le chev. de Contréglise.
Le comte de Piogez.
Lyautey de Genevreuille.
De Mongenet, père.
Buretel de Chassey.
Le comte de Faletans.
Le marquis de Toulongeon.
Le vicomte de Toulongeon.

*Liste des gentilshommes de Franche-Comté qui ont signé la seconde adresse au Roi.*

22 septembre 1788.

Le marquis de Jouffroy d'Abbans.
Le baron d'Izelin de Lanans.
Le chev. de Balay.
Le marquis de Moutier.
Le marquis de Sorans.
Le marquis d'Ormenans.
Le comte de Lallemand.
De Chavanne.
Le vicomte de Crécy.
Jacquat d'Annoire.
Le comte de Bouttechoux.
Le marquis d'Autume.
Le chev. de Masson.
De Vregille.
Le baron de Mercey.
De Raclet, chev. de Saint-Louis.
Le chev. de Sorans.
De Poutier de Sônes.
De Charmoilles.
De Lavoncourt.
Le comte de Lanans.
Le chev. de Tinseau.
Perrinot d'Audeux.
D'Usiés de Byans.
Le comte de Montlezun.
Le comte de Laverne.
Le baron d'Esclans.
Le marquis de Champagne.
Le marquis de Pillot.
Le marquis de Durfort.
Petitbenoît de Chaffoy.
Boursières.
Fouchécour.
Chev. de Saint-Bresson.
Le comte de Mantry.
D'Amandre.
Le marquis d'Andelarre.
Magnoncourt.
Fontenelay.
Buretel de Chassey.
D'Olivet de Charmoilles.
Le chev. de Longeville.
Roussel de Calmoutier.

Breton d'Amblans.
D'Autricourt.
Le chev. de Myon.
Le marquis de Villers-Vaudrey.
Le comte de Montrond.
D'Aigremont.
Le marquis de Lezay-Marnésia.
Richard de Boussiez.
De Branges de Bourcia.
Montlezun.
Durand.
De Lurion.
Le chev. d'Ormenans.
D'Auquoy.
De Novillars.
Le marquis de Marmier-Ray.
Guérillot de la Chaux.
Le marquis de Raincourt.
De Vellexon.
Bouvot.
Le marquis de Germigney.
Le chev. Alviset.
Le marquis de la Poype.
Vregilles.
Le comte de Raincourt.
Le marquis de Balay.
Masson d'Autume.
Vuilleret de Brotte.
Rance de Guiseuil.
Ch. Grivel de Bay.
Domet de Mont.
Le comte de Montessus.
Pécaud du Larderet.
Gérard.
Le baron de Glannes.
Labbey du Fays-Billot.
Patouillet de Deservillers.
Fyard de Gevigney.
De Lampinet de Navenne.
De Taxenne.
Rochetaillée.
Le comte de Bouttechoux.
De Villette.

De Lampinet de Sainte-Marie.
Le marquis de Chevigney.
Dumontet de la Terrade.
Luguet de Chantrans.
Le comte de Bousies.
Le marquis de Grammont.
Le comte de Faletans.
Coilloz.
Le Vert.
De Vercia.
Guyot.
Le chev. de Bersaillin.
Le chev. Colombey.
Le comte de Laverne.
Bontemps.
Gulaboz.
Henrion de Fédry.
Viney, l'aîné.
Saint-Thiébaut.
Ch. de Barterans.
De Balay-Jousseaux.
Mouret de Saint-Thiebaut.
Le baron de Saporta.
Bouchet.
Banans.
Le comte de Montjoye-Vauffrey.
Bancenel.
De Villers-Farlay.
Bureau de Chassey.

Le comte Louis de Portier.
Le comte de Froloy Portier.
Lange de Ferrière.
Belenet.
Le marq. de Froissard-Bersaillin.
Alviset de Maisière.
De Junet d'Aigleplerre.
De Colin-Cambaron.
D'Olivet.
Le marquis de Saint-Mauris.
Le comte de Laurencin-Beaufort.
De Champdivers.
De Montgenet de Colin.
Broch d'Hotelans.
Contreglise.
Fyard.
Le chev. de Mont.
Le vicomte de Sagey.
Crestin d'Oussières.
Monnier de Savigna.
Ballant.
Bommarchant.
De Combelly.
Poutier de la Neuelle.
Le baron de Grusset.
Du Champ.
D'Olivet de Dannemarie.
De Ferrière.
Bouchet.

---

*Adhésion d'une partie de la Noblesse du bailliage de Besançon au résultat de l'arrêt du conseil du Roi, du 27 décembre 1788, et Opposition sur les protestations des autres membres de la Noblesse.*

6 janvier 1789.

(*Archiv. imp.*, B. III, 30. p. 38-44.)

Le prince de Saint-Mauris.
Vicomte de Toulongeon.
D'Arçon.
Le baron de Raclet-Mercey.
Lezay-Marnésia.
Le comte de Portier.
Montciel.
Le comte de Reculot.
Le baron de Fraguier.

Le marquis de Chateau-Renaud.
Le chevalier d'Autume.
Le marquis de Froissard Bersaillin.
Le comte de Raincourt.
Le baron de Glane.
Le vicomte de Sagey.
Le marquis de Vaulchier du Deschaux.
Le baron de Montjustin.
De Chaillot.
Le chevalier de Trestondans.
Toulongeon.
Vicomte de Romanet.
Grammont.

La protestation fut déposée en l'étude de M⁰ Claude, conseiller du roi, notaire à Besançon, le 6 janvier 1789.

*Autre adhésion d'une partie de la Noblesse dudit bailliage.*

12 janvier 1789.

Bureau de Pusy, capitaine du génie.
Breton d'Amblans.
Anthony, pour lui et ses quatre frères.
Lombard, capitaine du génie.
Bureau de Pusy, ancien officier.
Baillon-Lombard, avocat.
Bouveret, ancien officier d'infanterie.
Girod de Chantrans, capitaine du génie.
Bouchet, colonel du génie.
Conthaud, cadet.
Guillaume de Perayamiens, mousquetaire de la garde du roi.
Guillaume de Perrigney.
Ginottet de Bathenant.
Bouveret, avocat.
Muyard de Martigna.

Contrôlé à Besançon, le 12 janvier 1789, et déposé aux minutes de M. Henri Viguier, conseiller du roi et notaire audit Besançon.

# BAILLIAGE DE DOLE.

*Assemblée générale des trois ordres du bailliage de Dôle.*

6 avril 1789.

(*Archiv. imp.*, B. III, 61, 2ᵉ p. 124-142.)

### NOBLESSE.

Masson d'Esclans, baron de Souvy et Petrey.
Balland de la Bretenière.
Le marquis de Franchet, Sgr de Rans.
Puissant du Lédo, Sgr au Plumont.
Broch, Sgr d'Hôtelans.
Jacques d'Annoire, Sgr de Chemin, et de Florimond.
Le comte de Reculot, Sieur de Partey et à Rochefort.
D'Aubonne, off. d'infant., prieur de Buccot, territoire d'Audelange.
Buzon, Sgr de Champdivers.
Tricalet, Sgr de Taxenne.
Matherot, Sieur de Gendrey.
Pernot, Sgr à Jallerange.
Agnus, Sgr à Rouffanges.
Duchamp d'Assaut, Sgr de Flevigny.
Griguet, Sgr à Champagnon.
Bachelu, Sgr à Montmirey-la-Ville.
Girard d'Alpy, Sgr de Brans.
Royer, Sieur de Moissey.
Le marquis de Masson, Sgr d'Autume.
Le marquis de Vaulchier, Sgr du Déchaux.
Belon, Sgr d'Aligny à Marpin.
Le marquis de Froissard, Sgr de Bersaillin.
De Froissard, Sgr de Champdivers.
De Dortans, Sgr de Goux.
De Chaillot, Sieur à la Loye, et pour Jean-Baptiste-Benjamin de Chaillot, son frère.
Le marquis de Champagne, Sgr de Liesle et Chissey.
Javelle, Sieur à Chamblay.
Le marquis de Montciel, Sgr à Vaudrey.
Toytot, Sgr de Rainans

Tous comparant en personne.

La marquise de Salive, dame de Clervans, représentée par M. Javel, Sgr de Farlaye.
De Bonnans, co-Sgr de Vaudrey, — le marquis du Déchaux.
Le marquis de Germine — Broch d'Hôtelans.

Bouhelier, Sgr d'Audelange, — Damey de Saint-Bresson, Sgr de Fours.
Domet, Sgr de Mont, — de Préville, cadet.
Duchamp d'Assaut, Sieur de la Motte, — du Champ, Sgr de Chevigny.
Bourdet, Sieur à la Loye, — le marquis de Franchet.
Le marquis de Saint-Mauris, Sgr de Bellemont, — le marquis de Champagne.
Le Bœuf de Valdahon, Sgr de la baronie de Rahon, — le marquis d'Autume.
Le comte de Crécy, Sgr de Rie, — le comte de Balay.
De Dampierre, Sgr de Chassaigne, — Villevieille, capit. de cavalerie au régt de Royal-Lorraine.
Varin d'Ainvelle, Sgr à Champagnoulot, — Damey de Saint-Bresson, capitaine de cavalerie.
De Saint-Mauris, prince de Montbarey et du Saint-Empire, — Balland de la Bretenière.
Rigolier, président honoraire de la Chambre des comptes, Sgr des Emard et de la Pressagne, — de Dortans, Sgr de Goux.
— Rigolier, fils, Sgr de Parcey, — de Dortans, lieutenant-colonel au régiment de la Reine, cavalerie.
Bouhélier, Sgr au Viseney, — de Froissard-Bersaillin, Sgr de Champroquier.
Le marquis de Chapuis, Sgr de Rozière et Moissey, — de Saint-Bresson, Sgr de Fours.
Dorival, Sieur à Menottey, — Nétalon, fils aîné.
Le baron de Raclet de Mercey, Sgr à Chassey, — Froissard Bersaillin, Sgr de Champrougier.
Le marquis, Sgr de Peintre, — Puissant du Lédo.
Terrier, Sgr d'Auxanges et Laborde, — Agnus de Rouffanges.
Le marquis de Choiseul, Sgr des terres de Balançon, etc., — de Dortans, Sgr de Goux.
Durand, Sieur à Ougney, — Jacquard d'Annoires.
Doucet, Sieur à Champdivers, — Gerard, co-Sgr à Montfort.
Marcillier de Verchamp, Sgr de Monteplein, — Bachelu, à Montmirey-la-Ville.
De Froissard-Poligny, marquis de Broissia, Sgr de Neublanc, — le marquis de Champagne.
Le marquis de Toulongeon, Sgr d'Antorpe, — Terrier, marq$^{is}$ de Montciel.
Laborey, baron de Salans, — Mareschal de Longeville, à Dôle.
Pourcheresse de Fraisans, Sieur à Fraisnaud, — Moréal, cadet.
Charles-Roger, prince de Bauffremont de Listenois, marquis de Mirebeau, — Belon, Sgr d'Aligny.
Arbilleur, Sgr de Villars-Saint-George, — François-Marie-Alexis Moréal, à Dôle.
De Pras, marquis de Peseux, Sgr dudit lieu et de Balaisseau, — de Masson, baron d'Esclans.
Moréal, Sgr de Breuvans, — Agnus de Rouffanges.
Crestin, Sgr d'Oussières, — Jean-François-Philibert Moréal, à Dôle.
Le comte d'Agay, Sgr à Matigney, — Buzon, Sgr à Champdivers.
Ferdinande-Henriette-Gabrielle, née baronne et marquise de Brun, baronne de Souvans, etc., — le marquis de Froissard-Bersaillin.

Roux de Beauvoisin, — Toytot, ancien capitaine d'infanterie.

Bereur, comtesse de Goesbriant, dame de Villiers-les-Bois, — le marquis de Froissard.

Catherine-Hippolyte-Marie de Reculot, douairière de Henri-Désiré Laboré, baron de Salans, dame de Rochefort, — Nétalon, fils aîné.

Anne-Agathe Bazivette, douairière de M. Masson, dame du fief de Laudon, — Mairot, ancien capitaine de cavalerie.

Gabrielle-Jeanne-Alexis d'Esternoz, douairière de M. de Froissart de Broissia, dame en partie d'Auxelange, — le comte de Jouffroy.

Anne-Joseph de Montgenet, douairière de M. Dagay, Sgr de Biarne, — le marquis d'Autume.

Anne-Marie Marmillon de Montfort, douairière de M. de Baurans d'Arson, dame en partie de Peintre, — Nélaton, conseiller-maître des comptes, honoraire.

Anne-Joseph de Mignot de la Bévière, douairière de M. le comte de Poligny, — Mignot de la Bévière.

Thérèse-Narcisse, comtesse de Poly, dame de Plans, — le comte de Reculot.

Marguerite de Varrege, d'Allemagne, relicte et usufruitière des biens de M. Douat, Sgr de Raben, et actuellement épouse de M. de Longier de Beaurecueil, — le marquis de Montciel.

Jeanne-Pierrette Muyard de Moyria, propriétaire d'un fief à Colonne, — Muyard de Martigna.

On donna défaut contre :

La princesse de Marsan, dame de Lavaux, Gevril, Villette, etc.
La comtesse de Montciel, dame à Parcey.
M<sup>me</sup> Epiard, douairière de M. le président Richardot, Sgr à Choisey.
La comtesse du Breuil, dame de Saint-Elie.
M<sup>lle</sup> de Marsan, dame en partie à la Barre.
Dame Villemaux de Bougelier.
Dame de Sergenon, douairière de M. Broch d'Hôtelans.
Le baron de Tricornot, Sgr de Sennanges.
Le comte de Bouttechoux, Sieur de Chissey.
Bourges, Sieur à Chalons du fief de Maillot.
Garnier, Sieur à Falletans-le-Choisey.
Quegain, Sieur à Falletans.
De Bontennes, co-Sgr d'Oussières.
De France, co-Sgr de Taxenière-Courty.
Courty, Sgr de Romange.
Maire, co-Sgr de La Barre.
Muguet, Sieur à Montigny-le-Château.

Ont comparu, MM.

Tinseau de Gennes, Sgr des Granges du Cerf, au bailliage d'Ornans, — Muyard de Martigna.

Le comte de Scey, grand bailli d'épée de Dôle, Sgr de Maillot, Recigny, etc., — de Jouffroy-Vernier, Sgr à Balandoz du fief de Chissey.

Le vicomte de Sagey, Sgr à Pierre-Fontaine, — Mareschal de Longeville.
Sanderet, possesseur de droits féodaux sur les fours et moulins de la ville d'Ornans, — Damey de Saint-Bresson, capitaine d'infanterie.
Thariez, Sgr du fief de Clairon à Vercel, — Renouard de Bussières, Sgr de Rouettre.
Le comte de Vercel, Sgr dudit lieu, — Dannoires, Sgr de Chemin.
Muyard de Martigna, Sgr de Rautichot.
Le marquis de Terrier-Santans, Sgr de Loray-Masson, barón d'Esclans.
Brocard, Sgr de Bussières à Vuillafans et Montgesoye, — Broch d'Hotelans.
La duchesse de Lorges, dame de Lod, — le marquis de Chevigney.
La marquise de Ligneville, dame de Châteauneuf, — Gérard d'Alpy.
Dame de Poutier de Sône, épouse autorisée de M. du Pasquier la Villette, ladite dame propriétaire du fief de la Forêt au ressort d'Ornans, — Buzon, Sgr de Champdivers.
La comtesse de Lauraguais, — de Chaillot, capitaine aux carabiniers.
M<sup>lles</sup> de Scey, chanoinesses non-professes du chapitre de Château-Chalon, dames de la terre de Maillot, — Duchamp d'Assaut, Sgr de Chevigney.
Guyot, Sgr d'Evilliers, — Gréguet de Saint-Loup, co-Sgr de Champagnoulet.

On donna défaut contre MM. les professeurs de l'Université de Besançon, Sgr de Mouthier-le-Maillot (*sic*).

Arnould, Sgr de Provenchères et Chantrans.
Vannoz, Sgr à Sept-Fontaines.
Mareschal, Sgr à Longeville.
De Sainte-Croix, Sgr d'Amancey.
Le comte d'Esternoz, Sgr de Refranche, Esternoz, etc.
Marquet, possesseur du fief de Vaisvres, à Vuillafans.
De Fufrey, Sgr de Chevigney.
Bourgon, possesseur du fief de Chantrans à Etalan, et autres.
Binétruy, Sgr de Grandfontaine.
De Sainte-Croix et Patorielle, co-Sgr par indivis de Desservilliers, etc.

Tous non-comparants, ni personne pour eux, quoique régulièrement assignés.

Sont aussi comparus, MM.

Le duc du Châtelet, Sgr de Torpe, Velaine, etc., — le marquis de Vaulchier du Deschaux.
Renouard de Bussières, Sgr d'Are, Senans et Roche.
Le vicomte de Champagne, — Vernier.
Jeanne-Antoinette-Gabrielle, née marquise de Monnier, dame de Valdahon, possédant fief à Liesle et Chissey, — le marquis de Belot-Chevigney.
De Mesmay de Montaigu, Sgr de Mesmay, — le marquis de Franchet de Rans.
Boissot, abbé de Saint-Paul, Sgr à Montferrand, — Puissant du Lédo.

Le comte d'Esclin de l'Amans, — Belon d'Aligny.
Maire, Sgr de Bierres dessus et dessous, — Gérard, co-Sieur à Montfort.
Le marquis de Champagne, co-Sgr de Liesle.
De Pillot, Sgr de Chenesey, — Gérard d'Alpy.
Gérard de Ronchaux, co-Sgr à Montfort.
Louise-Thérèse Renard, douairière de M. Domet, Sgr de Mont, propriétaire d'un fief à Liesle, — Pourrey de Saint-Bresson, Sgr de Fours.
Le marquis de Jouffroy, Sgr d'Abbans,— Dorlodot de Préville, fils cadet.
De Beaucenne, Sgr de By, — Vernier, Sgr d'Usiés.

On donna défaut contre MM.

Le comte de Jouffroy, Sgr d'Abbans.
Mouret, Sgr de Barterans.
Dolard, Sgr de Myon.
De Montrond, Sgr de Chatillon.
Dame Lenoir, douairière de M. de Cecaty.
Dame de Mesmay, douairière de M. Renaudot.

Gentilshommes non-possédant fiefs :

De Mignot de la Bevière, chevalier de Saint-Louis.
De Dortans, chevalier de Saint-Louis, lieutenant-colonel au régiment de la Reine, cavalerie.
Mairot, chevalier de Saint-Louis, ancien capitaine de cavalerie.
Le comte de Balay.
Le comte de Jouffroy, officier au régiment du Roi, infanterie.
Du Raquet de Montjay.
Nélaton, fils.
Nélaton, fils aîné.
Nélaton, fils cadet.
Clerc de Mazerolles.
Pourrey, lieutenant-général au bailliage de Quingey.
Perrin de Saux.
Paris.
Bretagne, chevalier de Saint-Louis.
Raclet, chevalier de Saint-Louis.
Boisson de Soucia.
Dorlodot de Préville, fils cadet.
Villemaux de Bougelier.
Moreal, aîné.
Moreal, puîné.
Moreal, cadet.
Marguier d'Aubonne.
Toytot, chevalier de Saint-Louis, ancien capitaine d'infanterie.
Toytot, officier au régiment de la Reine, infanterie.
Masson, ancien capitaine d'infanterie.
Fyard.
Magdeleine, conseiller honoraire de la Chambre des comptes à Dôle.
Villevieille.
Mareschal de Longeville.
Damey de Saint-Bresson, capitaine d'infanterie.

*Liste des gentilshommes qui ont comparu à l'assemblée de la chambre de la Noblesse du bailliage de Dôle.*

7 avril 1789.

(*Archiv. imp.*, B. III, 61. 2, p. 3-6.)

De Mignot de la Bévière.
Le marquis de Masson d'Authume.
Le marquis de Chevigney.
Le marquis de Champagne.
Le marquis de Franchet de Rans.
Girard de Quintrey.
Le chevalier de Saint-Bresson.
Muyard de Martigna.
Marguier d'Aubonne.
Jacquard d'Annoire.
Puissant du Lédo.
Bretagne.
Vernier d'Usiés.
Damey de Saint-Bresson.
Gérard de Ronchaux.
Paris.
Le marquis de Montciel.
Le marquis du Deschaux.
Le baron d'Esclans.
Masson.
De Chaillot.
Boisson.
De Saint-Loup.
Nélaton, garde du corps.
Perrin de Saux.
Le chevalier Toytot, off. au régt de Lorraine.
Nélaton, aîné.
Moréal, puîné.
Moréal, cadet.
Le chevalier de Bersaillin.
Agnus de Rouffanges.
Villemeaux de Bougelier.
Clerc de Mazerole.
Marguier de Bucquot.
Raclet, chev. de Saint-Louis.
Javel de Villers-Farlay.
Triarlet de Taxenne.
Toytot, ancien capitaine de cavalerie.
Toytot, ancien capitaine d'infanterie.
Magdelaine.

De Matherot de Jendrey.
De Dortans.
Toytot de Rainans.
Bachelut de Montmirey.
Le marquis de Froissard Bersaillin.
Nélaton.
Balan de la Bretennière.
Mairot.
Moréal, l'aîné.
Mareschal.
Perrenot.
Renouard de Bussières.
Duchamp.
Buzon de Champdivers.
Broch d'Hotelans.
De Villevieille.
Le comte de Reculot.
Belon d'Aligny.
Le comte de Balay.
Dorlodot de Préville, cadet.
Le vicomte de Dortans.
Le comte de Jouffroy.
Royer de Moissey.
Pourey.
Fyard.
Du Raquet de Montjay.

M. de Mignot de la Bevière, chevalier de Saint-Louis, ancien major de la ville de Metz, fut nommé président de la chambre de la Noblesse, et M. Pourey, secrétaire.

## LISTE DES DÉPUTÉS DES TROIS ORDRES

### AUX ETATS-GENERAUX DE 1789.

#### BAILLIAGE D'AMONT.

Clerget, curé d'Ornans.
Longpré, chanoine de Champlitte.
Rousselot, curé de Thiénans.
Dom Noirot, suppléant.

Le marquis de Toulongeon.
Le chevalier d'Esclans.
Bureau de Puzy.
Le baron de Raclet-Mercey, suppléant.

De Raze, lieutenant-général au bailliage de Vesoul.
Gourdan, lieutenant assesseur criminel au présidial de Gray.
Cochard, avocat en parlement à Vesoul.
Muguet de Nanthou, écuyer, lieutenant général au bailliage de Gray.
Durget, l'aîné, de Vesoul.
Pernel, notaire royal à Lure.
Perreciot, avocat en parlement, suppléant.
Bressand, suppléant.

### BAILLIAGE D'AVAL.

Burnequez, curé de Mouthe.
Bruet, curé d'Arbois.
Royer, curé de Chavannes, suppléant.

Le marquis de Lezay-Marnésia.
Le vicomte de Toulongeon.
Le marquis de Château-Renaud, suppléant.

Vernier, avocat.
Babey, avocat du roi au bailliage d'Orgelet.
Bidault, lieutenant criminel au bailliage de Poligny.
Christin, avocat, à Saint-Claude.
Portier de L'Arnaud, suppléant.

### BAILLIAGE DE BESANÇON.

Demandre, curé de la paroisse de Saint-Pierre.

De Grosbois, premier président au parlement.
Le comte de Lallemand, suppléant.

La Poule, avocat.
Martin, avocat en parlement.

### BAILLIAGE DE DOLE.

Guilloz, curé d'Orchamps en Venne.

Le comte de Dortans.

Grenot, avocat en parlement.
Regnauld d'Epercy, procureur du roi au bailliage de Dôle.

# PARLEMENT DE FRANCHE-COMTÉ

*Premiers présidents.*

Jean-Claude Perreney de Grosbois, chev., conseil. du roi en ses conseils.
Claude-Irénée-Marie-Nicolas Perreney de Grosbois, en survivance.

*Présidents.*

Le marquis de Camus.
De Santans-Terrier.
Le marquis de Chapuis de Ro-
zière.
D'Olivet, baron de Choie.

Le marquis de Chaillot.
Le comte de Mareschal-Vezet.
De Bocquet de Courbouzon.
Le baron de Courbouzon.
Le Bas, marquis de Bouclans.

*Chevaliers d'honneur.*

Le comte d'Udressier.
De la Baume, comte de Montre-
vel.

Le prince de Bauffremont.
De Froissard de Poligny, marquis de Broissia.

*Conseillers.*

Le marquis de Franchet.
Alviset.
Boudret.
Doyen de Laviron, Sgr de Creuil-
lers.
Maire, Sgr de Bouligney.
Broquard, Sgr de Bussière.
Courlet, Sgr de Boulet.
Bourgon, Sgr d'Arcier.
Vuilleret, Sgr de Brotte.
Coquelin, Sgr de Morey.
Oyselet de Legna.
Quegain de Voray.
Riboux.
Tharin.
Damey de Saint-Bresson.
Morel, Sgr de Thiercy.
Foillenot du Magny.
Brody de Charchiliat.
Balthazard Tinseau.
Dunod de Charnage, Sgr d'Uzel.
Varin Dufresne.
Eugène Droz.
Roussel.
Benoît de Saint-Vandelin.
Masson de la Bretenière.

Maire de Bouligney.
Remod Sanderet.
Richard d'Orival, Sgr de Miserey.
Page de Chauvirey.
Seguin.
Paul Huot de Charmoille.
Jannot de Courchaton.
Benoît de Voisey.
Talbert, Sgr de Nancray.
Arnould de Pereyle.
Calf de Noidans.
Joly de Mantoche.
Faivre du Bouvot.
Domet de Verges.
De Camus.
De Mesmay, Sgr de Mesmay.
Calf de Noroy.
De Charentenay.
Broquard de Bussière.
Hugon d'Augicourt.
Favière de Charme.
Maretier de Verchamp.
Droz des Cernoises.
De Montgenet.
Le Bas de Bouclans.
Amey.

*Gens du roi.*

Bergeret, avocat général.
Doroz, procureur général.
Bouhelier, avocat général.
Marquis de Tallenay, avocat général.

Seguin, greffier en chef.
Maquet de Monmarlou, substitut.
Perroux, substitut.
Humbert, substitut.
Villequez, substitut.

## CHANCELLERIE

*Du Parlement, de la Chambre des comptes et de la Cour des aides réunies.*

Nicod de Ronchaux, garde des sceaux.
Thiébaud.
Courty de Romange.
Bavon.
Lardillon.
Antony.
Imbert.
Seguin.
Terrasson.
Betaud.
De Pelagey.
De la Borderie.
Teyras.
Viney.
Fournier.
Seguin.
Renaud.
Coistier.
Gauthier.
Du Poirier.

Garlache de Traincourt.
Pinet.
De Bussière.
Raudot.
Roche de Eauses.
Aubry.
Du Chailloux.
Pareaux de Curson.
Soufflois.
Badoulier.
Jaillet de Tizon.
Guérard Despinaux.
Buguet de Bracheux.
Fouquier.
Seichepine de Verselay.
Machelard Dyniers.
Regny.
Chevrillon.
Durand.
Marchal.
Bouchard.

## PRÉSIDIAUX DU RESSORT.

*Besançon*........ Le prince de Saint-Mauris-Montbarey, mestre de camp de dragons, grand-bailli.
*Dôle* ............ Le comte de Scey-Montbéliard, lieutenant général des armées du roi, commandeur de Saint-Louis, gouverneur des île et château d'If, etc., bailli.
*Gray*............ D'Esternoz, grand-bailli.
*Lons-le-Saulnier*. Le prince de Bauffremont, grand-bailli d'Avalon.
*Salins* ..........
*Vesoul* ......... Le comte d'Esternoz, grand-bailli.

## GÉNÉRALITÉ DE FRANCHE-COMTÉ

(PAYS D'ÉTAT)

M. Caumartin de Saint-Ange, maître des requêtes, intendant de la province.

### BUREAU DES FINANCES.

*Premier président.*

M. Caumartin de Saint-Ange, intendant.

*Second président.*

M. d'Audelange, ancien procureur général de la Chambre des comptes.

*Officiers.*

Viennot, doyen.
Lobereau.
Bouveret.
Rance de Guiseuil.
Brenot.
Nicot de Ronchaux.
Marin de Pierre.

Vuilleret.
Perreciot.
Lange.
Philippon, avocat du roi.
Droz de Rozel, procureur du roi.
Groussot, greffier en chef.

---

## ÉTAT MILITAIRE DE LA PROVINCE

*Gouverneur et lieutenant général.*

M. le maréchal de Duras, gouverneur particulier de Besançon.

*Commandant en chef.*

M. le marquis de Langeron.

*Commandant en second.*

M. le marquis de Saint-Simon.

### Lieutenant général.

M. le duc de Maillé.

### Lieutenants de Roi.

Le marquis de Vauban.  Villayer.
Le comte de Fleury.  De Bory.

### Lieutenants des maréchaux de France.

Clerc de Mazerolle, chev. de Saint-Louis, à Besançon.
Henrion de Magnoncourt, à Vesoul.
De Lepinette, chev. de Saint-Louis, à Lons-le-Saulnier.
Guerillot, chev. de Saint-Louis, à Salins.
De Labourot, à Gray.
De Brange de Bourcia, à Orgelet.

### Gouvernements particuliers.

| | |
|---|---|
| *Besançon*............... | Le chev. de Franchet de Rans, lieutenant de roi. |
| | Le chev. de Résie, major. |
| | Le baron de Castillon, adjudant. |
| *Citadelle et contrescarpe*.. | Le comte de Laforest de Divonne, lieut. de roi. |
| | Duvivier, major. |
| | Blondeau de la Pinodière, aide-major. |
| *Fort Griffon*............ | Le Picard d'Ascourt, commandant. |
| *Salins*................. | Le marquis de Vaubecourt, gouvern. |
| | De Court, lieutenant de roi. |
| | De Bommarchand, major. |
| *Fort Saint-André*....... | Desbiez, commandant. |
| | Bernard, major. |
| | Blondeau, adjoint. |
| *Fort Blin*.............. | De Vaugrand, commandant. |
| *Pontarlier et château de Joux.* | Le vicomte de la Tour du Pin de la Charce, gouverneur. |
| | Le comte de Saint-Mauris, lieuten. de roi. |
| *Dôle*................... | Le comte de la Ferronays, gouverneur. |
| | Le chevalier de Bouhelier, lieuten. de roi. |
| *Château de Blam*....... | De Thurey, commandant. |

# CHAPITRES NOBLES D'HOMMES

## BAUME LES MESSIEURS.

Les preuves de noblesse étaient de seize quartiers, dont huit du côté paternel et huit du côté maternel.

L'abbé de la Fare.
De Montrichard de Frontenay.
De Falletans.
Du Pasquier-Virmont.
Buson de Champdivers.

De Montrichard.
De Clermont Mont-Saint-Jean.
De Jaquot d'Andelarre.
De Bancenel.
Grivel.

## CATHÉDRALE DE BESANÇON.

On ne pouvait entrer dans ce chapitre que par la noblesse ou par les grades. Ceux qui s'y présentaient comme nobles, devaient faire preuve de seize quartiers, dont huit du côté paternel et huit du côté maternel. Les gradués devaient être issus d'un père noble ou gradué, et docteurs en théologie ou en droit canon.

Raymond de Durfort, ancien évêque d'Avranches et de Montpellier, archevêque de Besançon en 1774.

De Franchet de Rans, óy. de Rhosy.
Bouttechoux de Chavannes.
Marin.
Couthaud de Rambey.
Boudret.
De Champigny.
De Camus.
Talbert.
Matherot de Desnes.
De Pouthier de Vauconcourt.
De Chaffoy.
D'Agay.
Clerc.
Pusel de Boursières.
Hugon.
Atthalin.
De Pillot de Chénecey.
Galois.
Bailly.
Maire d'Urecourt.
Grosjean.
Desbiez.
Buretel de Chassey.

Huot de Charmoille.
Petitbenoît de Chaffoy.
Durand.
Seguin.
Tinseau de Gennes.
D'Orival.
De Pillot de Chenecey.
Camusat.
Despotots.
Daudé de Monteil.
Frère de Villefrancon.
Marrelier de Verchamps.
Broquard de Lavernay.
Mareschal d'Audeux.
De Montgenet.
Talbert de Nancray.
Caboud.
Lebas de Bouclans.
Maire.
Frère de Villefrancon.
Desbiez de Maranche.
De Maillot.
Maire de Bouligney.

## CATHÉDRALE DE SAINT-CLAUDE.

Les preuves de noblesse étaient de seize quartiers, dont huit du côté paternel et huit du côté maternel.

Jean-Baptiste de Chabot, évêque de Saint-Claude en 1785, chanoine d'honneur des chapitres de Saint-Claude et de Gigny.

De Carbonnières, doyen.
De Carbonnières Saint-Brice, aumônier de Monsieur.
D'Escayrac.
De Moyria de Mailla.
De Jouffroy d'Abbans.
De Gourcy.
De Reinach, comte de Granvelle et de Foussemagne.
De Ros.

De Balathier de Lantage.
De Morel d'Hauterive.
Barthélemy de la Sudrie.
De Reinach, comte de Granvelle.
Frédéric d'Hauterive.
De Morel de Servetas.
De Coustin du Masnadau.
De Poulmie de Grandille.
De Vassal.
De Franchet de Rans.

*Honoraires.*

De Jouffroy de Gonsans, évêque de Gap, 1774, puis du Mans, 1777.
Jean-Gabriel d'Agay, co-adj. de l'évêque de Perpignan, 1779.

De Laubespin.
De Gain de Linars.
De Cordon.

De Vassal de Saint-Gilles.
De Moyria Saint-Martin.
De Gourcy.

## ABBAYE DE GIGNY.

Les preuves de noblesse étaient de huit quartiers, sans les alliances, du côté paternel, et de quatre quartiers seulement, avec les alliances, du côté maternel.

De Moyria, doyen.
De Faletans, doyen honoraire.
De Bellot de Montbozon.
De Jouffroy de Gonsans.
D'Esternoz.
De Montfaucon, l'aîné.

De Menton de Rosy.
De Montfaucon, cadet.
De Foudras.
De Molans.
De Montpezat, chanoine honoraire.

## LURE ET MURBACK.

Les preuves étaient de seize quartiers de noblesse de nom et d'armes, dont huit du côté paternel et huit du côté maternel.

Casimir-Frédéric, baron de Rath-Samhaussen, abbé-prince des abbayes-unies de Lure et Murback, prince du Saint-Empire.

| Lure. | Murback. |
|---|---|
| De Reinach. | Le baron de Beroldingen. |
| De Girardi. | Le comte de Bouzies de Rouvroy. |
| De Thurn. | Le baron de Rath-Samhaussen. |
| De l'Aubespin. | Le baron de Beroldingen. |
| D'Andlau d'Hombourg. | Le baron de Reutner de Weyll. |
| D'Andlau de Wittenheim. | Le baron de Reichenstein. |
| De Truchsess. | Le baron de Schœneau. |
| De Thurn. | Le baron de Gohr. |

## CHAPITRES NOBLES DE DAMES

### BAUME LES DAMES.

Les preuves de noblesse étaient de huit quartiers du côté du père et de la mère.

| | |
|---|---|
| De l'Aubespin, abbesse. | De Jouffroy. |
| De Mailla, doyenne. | De Raincourt. |
| De Mauvilly. | De Crécy. |
| De Battefort. | |

*Non-professes.*

| | |
|---|---|
| De l'Aubespin. | De Grammont, sœurs. |
| De Sainte-Colombe. | De Montrichard de Saint-Martin. |

### CHATEAU-CHALON.

Les preuves de noblesse étaient de seize quartiers dont huit du côté paternel et huit du côté maternel.

| | |
|---|---|
| De Wateville, abbesse. | De Charmoncel. |
| De Stain. | D'Arenberg. |
| De Scey. | De Moyria. |
| De Froissard. | De Laubespin. |
| De Falletans. | De Belot d'Ollans. |
| De Chargère. | De Stain. |
| De la Poype de Serrière. | De la Balme. |
| Du Pasquier de la Villette. | De Moyria de Montage. |

*Novices.*

De Broissia.
De Scey.
De Scey-Flagey.
D'Esternoz.
De Nans.
L. de Grammont.

G. de Grammont.
A. de Grammont.
De Rose.
De la Poype.
De la Poype de Serrière.
De la Poype de Coursans.

## LONS-LE-SAULNIER.

Les preuves de noblesse étaient de seize quartiers, dont huit du côté paternel et huit du côté maternel.

De Bouttechoux.
De Perrigny.
De Vers de Vaudrey.
De Vers de la Châtelaine.
De Balay.
De Balay de la Boissière.
De Champagne.
De Champagne d'Igny.
De Malivert.
De Germigney.
De Bellot de Lanans.
De Bouttechoux des Arsures.

De Vers de Vaudrey.
De Poligny.
De Berreur de Brésilley.
De Bloise.
De Bloise d'Hanonville.
Du Roux.
Du Roux de Langesse.
De Bellot.
Moreau de Bernay.
De Mignot de Bussy.
De Mignot de Chatelard.
De Nompère de Champagny.

*Non-professes.*

De Bancenel, aînée.
De Bancenel, cadette.
De Bouttechoux-Montigny.
De Poligny d'Evans.
De Poligny d'Augea.
De Champagny de Nompère.
De Champagny.
De Pillot, aînée.
De Pillot, cadette.
De Maupeou, aînée.
De Maupeou, puînée.

De Maupeou, cadette.
De Lanfernat.
De Poligny.
De Grivel, aînée.
De Grivel, cadette.
De Rans, aînée.
De Rans, puînée.
De Rans, cadette.
De Germigney, aînée.
De Germigney, cadette.

## MIGETTE.

Les preuves de noblesse étaient de seize quartiers, dont huit du côté paternel et huit du côté maternel.

De Rans, abbesse.
Le Lallemand de Vaytè.
De Saint-Maurice-Sceaux.
De Poly.
De Franchet de Rans.
De Jouffroy-Gonsans.
D'Hennezel.
De Pillot de Chénecey.
De Franchet de Rans.
De Germigney.
De Montrichard.
De Montrichard Saint-Martin.

Duc.
De Rully.
De Magenis.
De Goesbriant de Kerdolas.
De Goesbriant de Malange.
De Crécy.
De Chaffoy-Munans.
De Jaquot d'Andelarre.
De Mascrany.
De Mascrany de Château-Chinon.
De Comacre.
De Chaffoy-Munans.

*Non-professes.*

De Chavaudon.
De Chavaudon-Saint-Marc.
De Comacre de Fayette.
De Jaquot de Rosey.

De Lambertye.
De Jagey.
De Jagey, jeune.

## MONTIGNY.

Les preuves étaient de quatre quartiers de noblesse de nom et d'armes, dont quatre du côté paternel et quatre du côté maternel.

De Tricornot du Tremblai.
De Tricornot.
De la Tour.
De Foissy.
De Montjustin d'Autrey.
De Bligny.
De Montjustin de Vellotte.
De Villers-Vaudrey.
De Dinteville.
De Roll.
De Klinglins d'Achstat.
De Klinglins de Bilseim.
De Bereur.
De Guyot de Mancenans.

De Tricornot de la Motte.
De Chaillot.
De Montjustin.
De Brunet.
De Montgenet.
De Petremand-Vallay.
De Chaillot de Dampierre.
De Sonnenberg.
De Montgenet-Montaigu.
De Broquard de Lavernay.
Du Perroux.
Du Vivier.
Du Vivier de Solignac.
De Macheco, honoraire.

*Non-professes.*

De Bousies.
De Chifflet.

De Chapuis de Rosières.
De Chapuis de Fleursy.

## CONFRÉRIE DE SAINT-GEORGES

Cette association avait été instituée dans le comté de Bourgogne, en 1390, par Philibert de Molan, Sgr en partie de Rougemont. Il en fut le premier chef sous le titre de *Bâtonnier*.

Les confrères prenaient leur rang selon l'ordre de leur réception dans la confrérie, sans égard aux dignités dont quelques-uns d'entre eux pouvaient être revêtus. Ils faisaient vœu de s'aider mutuellement, s'ils étaient faits prisonniers, et de veiller aux intérêts des veuves et des orphelins; ils nommaient, à cet effet, chaque année, des commissaires en assemblée générale.

En 1569, on ajouta aux anciens statuts que les confrères feraient serment de vivre et de mourir dans la religion catholique, et dans l'obéissance et soumission dues à leur légitime souverain, et l'on donna au bâtonnier le titre de gouverneur.

Cette société a eu pendant un temps le nom de *Confrérie de Rougemont*, du nom de son fondateur, qui la fixa en ce pays-là en 1431. Plus tard, et jusqu'en 1789, ses assemblées se tinrent dans l'église des Grands-Carmes de Besançon.

Les membres de cette association devaient faire preuve de seize quartiers de noblesse; leur marque distinctive était un Saint-Georges à cheval, perçant de sa lance un dragon, le tout d'or, et attaché à la boutonnière de leur habit par un ruban bleu céleste moiré.

### *Commissaires.*

Jean-Baptiste de Raincourt.
Erard-Joachim-Irénée de Sonnet d'Auxon.
Claude-Louis-Albert de Lezay, ancien évêque d'Evreux.
Claude-Antonin-Louis de Champagne.
Marie-Charles de Froissard-Broissia.
Claude-Bernard-Flavien de Froissard-Bersaillin.

### *Chevaliers.*

Le marquis de Grammont, lieutenant-général des armées du roi, chevalier d'honneur au parlement de Besançon, gouverneur de l'ordre.
Le marquis de Faletans, ancien officier au régt de la marine.
De Lezay, doyen des comtes de Lyon, ancien évêque d'Evreux.
Le comte de Scey, lieutenant-général des armées du roi.
De Mairot, ancien officier au régt de Normandie.
Le marquis de Germigney, ancien capitaine au régt du roi.
De Faletans, doyen du noble chapitre de Gigny.

Le chevalier de Raincourt, maréchal de camp, lieutenant de roi.
Le marquis de Raincourt, ancien capitaine au régt de Tallard-infanterie.
Le marquis de Jouffroy d'Abbans, ancien capitaine au régt de Lorraine.
Le baron de Jouffroy, ancien officier aux gardes françaises, lieutenant-colonel d'infanterie.
Le marquis de Champagne, ancien officier au régt de Champagne.
Le marquis de Chevigney, ancien officier de gendarmerie.
De Jouffroy-Gonsans, évêque du Mans.
Le marquis de Sorans, maréchal de camp.
De Bélot-Montbozon, doyen du chapitre de Gigny.
De Scey, ancien chanoine du chapitre de Saint-Pierre de Mâcon.
De Jouffroy d'Abbans, chanoine du chapitre de Saint-Claude.
De Poutier de Sône, ancien capitaine au régt de Lorraine.
Le comte de Grammont, lieutenant-général des armées du roi.
Le chevalier de Malseigne, major général du corps des carabiniers.
Le comte de Grivel, brigadier des armées du roi.
De Sonnet, Sgr d'Auxon.
Le comte de Bouttechoux.
Le marquis de Laubespin, capitaine des vaisseaux du roi.
Le chevalier de Sorans, ancien capitaine au régt du Roi-infanterie.
De Poutier, lieutenant-colonel de chasseurs à cheval.
Le chevalier de Germigney, capitaine de dragons.
Le chevalier de Franchet de Rans, maréchal des camps et armées du roi, son lieutenant à Besançon.
De Malseigne-Valangin, capitaine de dragons au régt de Lambesc.
Le marquis de Broissia, chevalier d'honneur au parlement de Besançon, mestre de camp au régt de Beauce-infanterie.
De la Rochelle, ancien capitaine au régt de la marine.
Le comte de Raincourt, grand trésorier du noble chapitre de Saint-Pierre de Mâcon.
Le comte de Faletans, ancien officier au régt de Bourbon-Busset.
Le baron d'Iselin, ancien capitaine au régt du Roi-infanterie, chev. de Saint-Louis.
Le chevalier de Lasnans, maréchal de camp.
Le prince de Montbarey, grand d'Espagne, chevalier des Ordres du Roi, lieutenant-général de ses armées.
Le comte de Lallemand, ancien capit. d'infanterie au régt de Flandres.
Le comte d'Esternoz, maréchal de camp, ambassadeur en Prusse.
De Sagey, ancien officier au régt d'Enghien.
De Rans, évêque de Rhosy, haut-doyen du chapitre métropolitain de Besançon.
Le comte de Lallemand, major de chasseurs à cheval.
De Vers, ancien capitaine au régt d'infanterie d'Alsace.
Le comte de Salives, lieut.-colonel, ancien chevalier d'honneur à la Chambre des comptes de Dôle.
De Rosière-Sorans, chanoine du chapitre de Saint-Pierre de Mâcon, vicaire général.
Le comte d'Ambly, capitaine de chevau-légers.
De Laubespin, chanoine au chapitre princier et équestral de Lure.
Le chevalier d'Ambly, officier au régt de Bourgogne-cavalerie.

— 38 —

D'Amandre, ancien officier au régt d'Artois-infanterie.
Le chevalier de Raincourt, capitaine de carabiniers.
Le comte de Raincourt, lieut.-colonel de cavalerie, capitaine au régt Dauphin.
Le comte de Jouffroy d'Abbans, mestre de camp de cavalerie, sous-lieutenant des gardes du corps du roi.
De Mailla, chanoine du noble chapitre de Saint-Claude, prieur de Moirans.
Le comte de Champagne, capitaine au régt d'Artois-infanterie.
Le comte de Bouzies, capitaine au régt de Royal-Roussillon-cavalerie.
Le comte de Nully, mestre de camp du régt d'Austrasie-infanterie.
Le marquis de Bersaillin, officier au régt des gardes françaises.
Le comte de Crécy, lieutenant-colonel de chevau-légers.
Le chevalier de Crécy, sous-aide major des gardes valonnes.
Le comte de Laubespin.
Le marquis de Marnésia, ancien capitaine au régt du Roi-infanterie.
Le marquis de Marmier, ancien lieutenant-colonel de cavalerie.
Le comte de Bouttechoux, officier au régt Royal-Normandie-cavalerie.
Le comte de Maucler, ancien capitaine au régt des gardes de Lorraine.
Le chevalier de Marnésia, lieut.-colonel du régt de Lescure-dragons.
Le comte de Bouzies, ancien capitaine du mestre de camp-dragons.
De Bouzies, chanoine du chapitre princier et équestral de Murbach, vicaire général du diocèse de Besançon.
De Lezay, comte de Lyon, abbé commendataire de l'abbaye royale d'Acey.
De Moyria, chanoine du noble chapitre de Gigny.
De Buson-Champdivers, chanoine du noble chapitre de Baume.
Le marquis de Montrichard, capitaine de dragons du régt royal.
Bernard de Montessus, abbé de Rully, comte de Lyon.
De Franchet de Rans, officier au régt du Colonel-général-dragons.
De Bouzies, officier de chevau-légers.
De Grammont, officier au régt de Royal-Lorraine-cavalerie.
De Mouchet de Battefort de Laubespin, capitaine au régt de la Reine, cavalerie.
De Mouchet de Battefort de Laubespin, sous-lieutenant au corps des carabiniers de Monsieur.
De Jouffroy-Gonsans, officier au régt du Roi-infanterie.
Claude-Alexandre-Fidèle de Grivel, officier au régt des chasseurs du Gévaudan.
Ennemond de Moyria-Saint-Martin, chanoine honoraire du chapitre noble de Saint-Claude.
Le Sieur Bertin, secrétaire.

(*La France chevaleresque et chapitrale en* 1788).

PARIS. — IMPRIMERIE DE DUBUISSON ET Cᵉ, 5, RUE COQ-HÉRON.

www.ingramcontent.com/pod-product-compliance
Lightning Source LLC
Chambersburg PA
CBHW060509050426
42451CB00009B/894